Jane Gardam
Die Rettung

Eine Weihnachtsgeschichte

Aus dem Englischen von Isabel Bogdan

Mit Illustrationen
von Wolf Erlbruch

Hanser Berlin

Zwei Jungen gingen über die Brücke.

Es waren etwas ältere Schüler aus der Privatschule auf der reichen Seite des Flusses. Einen Nachmittag pro Woche mussten sie sich um andere Menschen kümmern. Sie halfen alten Leuten, die niemanden hatten, der sie liebte, und kleineren Kindern, die Schwierigkeiten in der Schule hatten. Das war eine feste Einrichtung.

»Ich habe selber Schwierigkeiten in der Schule«, sagte Jackson. »Zum Beispiel bei Prüfungen.«

»Und ich habe auch zu Hause jede Menge Leute, die meinen, niemand liebt sie«, sagte Pratt. »Zwei Großeltern, zwei Eltern, eine Schwester.«

»Und die heißen auch noch alle Pratt, die Armen«, sagte Jackson, und Pratt und er begannen eine freundschaftliche Rangelei. Sie schubsten einander ein wenig herum, bis Pratt gegen eine Dame mit einem Einkaufswägelchen stolperte und ihre Cornflakes herausfielen und ein Paket Mehl aufplatzte.

»Ich gehe gleich zu eurer Schule«, sagte sie. »Die Uniform kenne ich. Das soll doch eine gute Schule sein. Ich werde mich beschweren.« Sie ließ mit angewinkelten Ellbogen die Arme flattern wie ein Huhn. Pratt, dem oft ohne Vorwarnung Worte aus dem Mund purzelten, sagte: »Legen Sie doch ein Ei. Gluck.«

»Das reicht. Es genügt«, sagte die Dame. »Ich gehe jetzt sofort dorthin. Und außerdem werde ich berichten, dass ihr euch um zwei Uhr nachmittags auf der York Road Battersea herumtreibt, wo ihr überhaupt nichts verloren habt.«

»Wir sind auf dem Weg zu unserem Sozialprojekt«, sagte Pratt. »Wir kümmern uns um Bedürftige.«

»Kümmern!«, sagte die Dame und zeigte auf den Gehweg.

»Wir haben ein Vorstellungsgespräch, wir sollen auf benachteiligte Kinder aufpassen.«

»Wenn sie nichts Besseres bekommen als euch, sind sie in der Tat benachteiligt.« Damit dampfte sie ab und ließ das Mehl liegen wie Schnee, und die Passanten liefen durch und schauten finster und hinterließen gespenstische Fußspuren, die sich in der Ferne verloren. Pratt schob möglichst viel davon mit dem Fuß in den Gully.

»Sie hat ja recht«, sagte er. »Ich verstehe nichts von benachteiligten Kindern. Oder überhaupt von Kindern.«

»Vielleicht brauchen wir uns ja doch nicht um welche zu kümmern, wenn sie uns erst mal sehen«, sagte Jackson. »Komm, wir müssen weiter. Wir müssen da hin, dann können sie sich selbst eine Meinung bilden.«

Was hast du denn da am Schuh?«, fragte die Schulleiterin der Schule auf der schwierigen Seite des Flusses, die ihnen in der Halle entgegenkam. »Du lieber Himmel, Schnee. Was für ein schäbiger Tag. Alles in Ordnung? Eure Kinder warten schon auf euch, glaube ich. Vielleicht wollt ihr euch heute erst mal hier drinnen mit ihnen unterhalten und dann nächste Woche mit ihnen irgendwo hingehen?«

»Ja, bitte«, sagte Jackson.

»Mit ihnen wo *hin*gehen?«, fragte Pratt.

»Ja. Die Idee ist ja, dass ihr sie – mit dem Einverständnis der Eltern – mitnehmt und ihren Horizont erweitert. Die meisten Schüler auf dieser Seite des Flusses gehen nie irgendwohin. Es ist eine schwierige Gegend. Ihr Leben besteht aus Schule (oder Schwänzen), Fernsehen, Bett und dann wieder Schule, wobei wir Kinder aus aller Welt hierhaben.«

»Das ist ja bei uns auch nicht anders«, sagte Pratt. »Nur dass wir statt Fernsehen Hausaufgaben machen.«

»Ach, kommt«, sagte die hübsche Schulleiterin, »ihr macht doch alles Mögliche. Auf der anderen Flussseite ist der Zoo, die ganzen Museen, der Tower of London und jede Menge hübsche Geschäfte. Alles Gute passiert auf der anderen Seite der Brücke. Die meisten Kinder hier bei uns haben kaum je einen Grashalm gesehen. So, und ihr seid also zwei besonders zuverlässige Jungs, ja?« (Sie wirkte skeptisch.) »Dann tretet euch mal die Schuhe ab und folgt mir.«

Sie öffnete eine Klassenzimmertür, aber dahinter war Stille. Nur ein kleiner Chinese starrte in ein Aquarium.

»Oje. Was …? Ach, natürlich. Sie sind alle in der Turnhalle. Das ist Henry. Henry Wu. Er macht keine Mannschaftssportarten. Und auch nichts anderes. Er ist eins der Kinder, die ihr unterstützen sollt. Also, wer von euch würde sich gern um Henry kümmern? Er ist fast sieben.«

»Ich«, sagte Pratt und wunderte sich schon wieder über seine unwillkürlichen Worte.

»Gut. Dann lasse ich euch beide mal allein. Dein Freund und ich gehen das andere Kind suchen. Komm mal her, Henry, das ist – wie heißt du?«

»Pratt.«

»Pratt. DAS IST PRATT, HENRY. Henry ist nicht taub, Pratt. Oder stumm. Er wurde getestet. Er hört nur nicht zu und spricht nicht. Er verschließt sich. PRATT, HENRY«, sagte sie, schob Jackson aus dem Klassenzimmer, und dann waren sie verschwunden.

Henry Wu beobachtete die Fische.

Hallo«, sagte Pratt nach einer Weile. »Fische.«
Er dachte: Was für eine blöde Bemerkung. Dann sagte er es noch einmal: »Fische.«

Henry Wu bewegte den Kopf nicht. Sein Kopf war klein und rund, und er hatte dichtes, glänzendes, schwarzes Haar wie die Federn der Tauchenten im Park auf der anderen Flussseite.

Oder wie der Kopf einer Puppe. Einer sehr zerbrechlichen chinesischen Porzellankopfpuppe. Pratt ging um ihn herum, um sein Gesicht zu sehen, das cremefarben war und eine so winzige Nase hatte, dass sie kaum eine Erhöhung bildete, und blattförmige Augen ohne Wimpern. Nein, nicht blattförmig, eher schotenförmig, dachte Pratt, und in jeder Schote eine schwarze, glänzende Beere, die die Fische betrachtete. Die Fische sahen das Gesicht an, klappten besorgt die Mäuler auf und zu und wedelten mit den Schwanzflossen.

»Was sagen sie?«, fragte Pratt. »Das sind deine Freunde, oder?«

Henry Wu schwieg.

»Willst du mal mitkommen zu den Enten bei uns im Park?«

Henry Wu schwieg.

»Überleg's dir«, sagte Pratt. »Nächste Woche. Ist ein gutes Angebot.«

Henry Wu schwieg.

»Deine Entscheidung.«

Pratt überlegte einen Augenblick, ob der Chinese echt war. Vielleicht war er eine Wachsfigur. Wenn man ihn anstupste, würde er womöglich einfach umkippen und auf dem Boden aufschlagen. »Sag schon, Henry Wu«, sagte er, »was meinst du?«, und knuffte ihn an der Schulter.

Dann lag er auf dem Boden und hatte keine Ahnung, wie er da hingekommen war. Ihm tat nichts weh, er lag einfach nur da. Und der chinesische Junge saß immer noch auf dem Stuhl und betrachtete die Fische.

Auf dem Gang brach ein Tumult aus, Kinder aller Art kamen herein. Sie blieben ruckartig stehen, als sie den großen Pratt ausgestreckt auf dem Boden liegen sahen, und ein Lehrer kam zu ihm. Weiter hinten waren auch die Schulleiterin und Jackson, und Jackson wirkte überrascht.

»Oje«, sagte der Lehrer. »Seine Mutter hat ihm Selbstverteidigung beigebracht, falls er gehänselt wird. Sie hat den schwarzen Gürtel im Judo. Sie hat uns gesagt, dass er sehr gut ist. Ach, Henry, nicht schon wieder. Der Junge möchte doch nett zu dir sein!«

»Ich habe nur gesagt«, sagte Pratt und rappelte sich auf, »dass ich mit ihm in den Park zu den Tauchenten gehen würde. Und das werde ich auch tun«, sage er und sah Henry Wu an.

»Warum eigentlich?«, fragte Jackson auf dem Heimweg. »Er sieht aus wie ein Weichei. Eine Ratte. Den würde ich nicht benachteiligt nennen, sondern unangenehm.«

»Wie war deiner?«

»Meine war nicht da. Sie ist weg. Kirmeskind, fahrendes Volk. Die Schule hat im Moment anscheinend nicht so viele komische Kinder. Wir können uns Kung-Fu-Henry-Wu ja teilen, wenn du willst. Wie es aussieht, kannst du einen Beschützer gebrauchen.«

Aber dazu kam es dann doch nicht, denn Jackson bekam eine alte Dame zugeteilt, deren Küche er streichen sollte, und dann verbrachte er bald seine Mittwoche und seine gesamte Freizeit darin und aß, was sie kochte. Pratt ging in der folgenden Woche allein in die andere Schule, wo Henry Wu auf ihn wartete, bis zu den Augenbrauen eingemummelt in einen dicken Kokon aus wattiertem, leuchtend rotem Nylon.

»Na komm«, sagte Pratt und ging voran, ohne darauf zu achten, ob Henry ihm folgte, die heruntergekommene York Road hinunter zur Bushaltestelle. Henry stieg hinter ihm in den Bus, setzte sich ein Stück von ihm weg und starrte in die Ferne.

»Anderthalbmal zum Park«, sagte Pratt und holte seine Französisch-Grammatik heraus. Sie waren ein seltsames Paar. Pratt setzte eine dunkle Sonnenbrille auf, für den Fall, dass ihn jemand sah.

Es war Januar. Im Park war es kalt und alles tot. Der Rasen war dünn und matschig und voller Pfützen, und der Anblick der Halme hätte keinen Menschen auf der Welt beglückt. Die Pflanzen waren nur noch Stöcke. Es waren keine Vögel in den Bäumen, und das Wasser im See und um die kleinen Inseln herum war schwer und dunkel und still wie vergessene Suppe.

Das Eiscafé hatte geschlossen. Die Metalltische und -stühle des Sommers waren drinnen gestapelt, und der Cola-Automat war leer. Tauben gingen in der Nähe spazieren, immer im Kreis herum, auf dem rissigen Asphalt. Sie waren genauso schmutzig und farblos wie alles andere, aber

Henry beobachtete sie genau, als sie sich um seine Füße scharten. Eine stieß sich vom Boden ab und landete auf seinem Kopf.

Henry lachte nicht und schrie nicht auf und zuckte nicht zusammen. Er stand einfach da.

»Hey, schüttel die mal ab, die sind eklig«, rief Pratt. »Die übertragen alle möglichen Krankheiten. Londoner Tauben. Guck dir bloß mal die Knöchel an, da ist ja alles blutig und kaputt.«

Eine große, schwarzweiße Elster marschierte vorbei und betrachtete Henry Wu mit der Taube auf dem Kopf. Die Taube flog davon. Henry folgte der Elster auf dem Weg.

»Eine Elster bringt Unglück«, sagte Pratt. »Eine bringt Kummer, zwei bringen Glück«, und sofort tauchte eine zweite Elster auf und ging hinterher. Der Chinese ging wie in einer Prozession zwischen den beiden Elstern unter den kahlen Bäumen umher.

»Komm, wir müssen zurück«, sagte Pratt ein wenig eifersüchtig. Die Elstern flogen davon, und die Jungen gingen zum Bus.

In diesem kalten Wintertrimester ging Pratt jeden Mittwoch mit Henry Wu in den Park und lief mit seinem aufgeschlagenen Französisch- oder Physikbuch auf und ab, während Henry die Vögel beobachtete und schwieg.

»Hat er noch nie irgendwas gesagt?«, fragte Pratt die Schulleiterin. »Zu Hause spricht er bestimmt Chinesisch, oder?«

»Nein. Er sagt nie etwas. Wir haben natürlich jemanden, der besonders auf ihn achtet. Eine Sozialarbeiterin. Die Eltern scheinen sich keine übermäßigen Sorgen zu machen. Ich glaube, bei ihm zu Hause geht es sehr chinesisch zu. Die Ärzte sagen, eines Tages fängt er bestimmt an zu reden, aber das kann noch Jahre dauern. Wir brauchen Geduld.«

»Hat er irgendwas Schlimmes erlebt? Ist er einer von den Boat People?«

»Nein. Er ist nur sehr verschlossen. Ein Dorfkind aus China. Möchtest du seine Familie kennenlernen? Vielleicht ist das eine gute Idee. Und sie sollten dich auch kennen. Das wäre bestimmt interessant für dich, Chinesen kennenzulernen.«

»Wir haben auch Chinesen an unserer Schule.«

»Wahrscheinlich Millionärssöhne aus Hongkong, mit Englisch als Muttersprache. Diese Familie wäre sicher spannender. Sie haben sich dazu entschlossen, in England zu leben. Immigranten.«

Ich werde Immigranten kennenlernen«, sagte Pratt zu Jackson. »Willst du mit?«

»Nein«, sagte Jackson zu Pratt. »Ich mache bei Nellie unter dem Bett sauber, wo sie selbst nicht hinkommt. Und ich bringe ihr bei, wie man einen Taschenrechner bedient.«

»Ist sie nicht ein bisschen alt für Taschenrechner?«

»Sie steht drauf. Heißt das nicht Emigranten?«

»Nein, Immigranten. Immigranten kommen *in* ein Land.«

»Wieso heißen sie dann nicht Innigranten?«

»Keine Ahnung. Bestimmt Latein oder so. Emigranten sind Leute, die aus dem Land rausgehen.«

»Aber die Chinesen sind ja aus ihrem Land rausgegangen. Und dann hier reingekommen. Dann sind sie Emigranten und Immigranten. Die wissen doch selber nicht, ob sie kommen oder gehen. Vielleicht ist das Henry Wus Problem.«

»Henry ist kein Immigrant. Er ist ein Dummigrant. Oder einfach ein Ignorant. Ehrlich gesagt habe ich keinen Bock mehr auf ihn. Reine Zeitverschwendung, dieses Sozialprojekt. Du kriegst immerhin noch was zu essen, du hast dafür gesorgt, dass sie wieder kocht. Und du bringst ihr bei, wie man Elektrogeräte bedient.«

»Deine Chinesen kennen sich bestimmt super mit Elektrogeräten aus. Aber das Essen würde ich nicht anrühren, wenn du da hingehst. Das ist nicht wie beim Chinaimbiss.«

»Willst du mit?«

»Nee danke. Wir sehen uns.«

Candlelight Mansions«, sagte die Sozialarbeiterin. »Da wären wir. Zwölfter Stock, und die Aufzüge sind bestimmt kaputt. Hoffentlich bist du fit.«

Sie stiegen die Betonstufen hinauf. Müll lag herum. Die Wände waren mit hässlichen Dingen bekritzelt. Auf jedem Stockwerk hing an einer Kette ein Schild »Außer Betrieb« vor den Aufzugtüren. Die meisten dieser Ketten waren ebenfalls kaputt, und die Schilder hingen schief. Alles war still.

Dann, als sie etwas langsamer die letzten Stockwerke erklommen, woben sich Geräusche in die Stille: dünne, geschäftige Laute, die eindringlicher wurden, je näher sie dem zwölften. Stock kamen. Dort empfing sie ein aufgeregt flatternder Chor. Auf dem kleinen Treppenabsatz stapelte sich alles Mögliche. Bündel und Kisten und Kartons unter Abdeckplanen, dazwischen führte nur ein schmaler Gang auf die zersplitterte Tür von Henry Wu zu, vor der eine zweite Tür aus Maschendraht angebracht war. Über den ganzen Bündeln und Kisten hingen zwei große, improvisierte Vogelkäfige an der Wand wie Hühnerhäuser, und darin waren Dutzende von Vögeln – rote, blaue, grüne, gelbe –, die ein Spektakel machten wie auf einem Schulhof.

»Herrje«, sagte die Sozialarbeiterin. »Das schon wieder. Das Council hat sie ihnen schon mal alle wegnehmen lassen, aber sie haben sie einfach wieder hingehängt. Sie tun so, als verstünden sie nichts. Guten Tag, Mrs Wu.«

Eine sehr schöne, ebenmäßige Chinesin war an die Tür gekommen und stand hinter dem Maschendraht. Sie sah überhaupt nicht nach einem schwarzen Gürtel im Judo aus. Sie war sehr klein und dünn und trug Pantoffeln, ein Satinkleid und drei Strickjacken. Sie verbeugte sich.

»Ich wollte Ihnen nur mal Henrys neuen Freund vorstellen, der sich ein bisschen um ihn kümmert.«

Mrs Wu zückte einen Schlüssel, schloss das Metalltor auf, lächelte und verbeugte sich andauernd, und man hätte nicht sagen können, was sie gerade dachte. Aus der Wohnung kam ein schreckliches Heulen, Kreischen und Jaulen, und Pratt dachte, dass Jackson wohl recht gehabt hatte mit den Elektrogeräten. Außerdem drang ein intensiver Geruch aus der Wohnung. Ein süßlicher, trockener, würziger Geruch, der Pratt einen Schauder über den Rücken jagte. Es roch nach weit, weit weg.

»Sie haben aber viele Sachen da draußen«, sagte die Sozialarbeiterin und stieg über noch mehr Zeug im Flur. Im Wohnzimmer waren weitere Bündel und eine riesige chinesische Familie, in der alle mehrere Kleidungsschichten trugen und zwischen Heizöfchen saßen und nähten. Zwei elektrische Nähmaschinen schnurrten, und eine Kassette mit chinesischer Musik plinkerte und heulte auf voller Lautstärke. Eine andere Kassette leierte aus der Küche herüber, wo eine alte Dame am Herd stand und in dampfende Töpfe starrte. An Haken unter der Decke hingen mehrere Vogelkäfige, am Fenster stand ein Aquarium, und aus einem Heubündel in einem Käfig schaute so etwas wie eine Ratte heraus. Das Tier hatte ein Auge halb geschlossen, als hätte es Kopfschmerzen. Henry Wu betrachtete die Ratte.

Der Rest der Familie verstummte, alle standen auf und verbeugten sich. »Hallo, Henry«, sagte Pratt, aber Henry drehte sich nicht um, nicht mal, als seine Mutter ihm ihr hübsches Gesicht zuwandte und einen beeindruckenden chinesischen Singsang auf ihn losließ.

Gläser mit Tee wurden gebracht. Pratt setzte sich und trank. Die Sozialarbeiterin unterhielt sich mit Mrs Wu und den anderen Damen, und ein kleiner, dicker Herr, der Knöpfe mit Seide bezog, ohne hinzusehen, betrachtete Pratt. Nach einer Weile rief er irgendwas, und ein Mädchen kam und brachte einen Teller. Darauf lagen kleine, graue Eier mit Haut. Sie hielt Pratt den Teller hin.

»Wahte«, sagte der chinesische Herr, und seine Nadel nähte wie von Zauberhand. »Watte.«

»Oh, ja«, sagte Pratt. (Warten?)

»Essen. Essen.«

»Ich habe keinen …«

Aber die Sozialarbeiterin sah ihn scharf an. »Wachtel«, sagte sie.

»Ich bin allerg…«, sagte Pratt. (Wachteln waren Schlangen, oder?) Er stellte sich vor, in jedem Ei wäre ein winziges, zusammengerolltes Schlangenbaby. Lieber tot sein, dachte er, und dann merkte er, dass Henry Wu ihn aus seiner Ecke heraus zum ersten Mal ansah. Die Ratte auch.

Und die Fische, die Vögel, Mrs Wu, der dicke Herr und sämtliche Tanten. Er aß das Ei, er schluckte es im Ganzen hinunter wie eine ovale Lederpille. Alle lächelten und nickten, und der Teller wurde ihm gleich noch einmal hingehalten.

Er aß noch ein Ei und dachte: Zwei Schlangen. Sie werden sich fortpflanzen. Ich werde sterben. Er trank einen großen Schluck Tee und lächelte matt. Alle im Raum, außer der Ratte, den Fischen und Henry, fingen an zu lachen, zu zwitschern und zu reden. Die alte Frau schlurfte in ihren Pantoffeln zurück in die Küche und brachte in kleinen Puppenschälchen weiteres Essen. Kleine frittierte Sachen und saftige, würzige, heiße Happen. Sie schob sie Pratt hin. »Greif ruhig zu«, sagte die Sozialarbeiterin. »Lebe wild und gefährlich.«

Pratt aß. Zunächst langsam. Es war köstlich. »Das schmeckt ja ganz anders als beim Chinaimbiss«, sagte er und aß schneller. Die Chinesen lachten. »Chinaimbiss, Chinaimbiss«, sagten sie. »Süßsauer«, sagte Mrs Wu. »Das nicht Süßsauer«, und alle schnalzten mit der Zunge, was wohl bedeuten sollte: »Das wollen wir doch hoffen.« Mrs Wu schenkte Pratt einen Glücksbringer aus Messing und nickte ihm zu, als würde sie ihn bewundern.

»Sie hat sich dafür bedankt, dass du mit Henry rausgehst«, sagte die Sozialarbeiterin, als sie die ganzen Stufen wieder hinuntergingen.

»Sie hält mich bestimmt für bekloppt«, sagte Pratt, »mit Henry loszuziehen. Gut, dass das vorbei ist.«

»Das weißt du ja noch gar nicht.«

»Na ja, er sagt immer noch nichts. Und er tut auch nichts. Wahrscheinlich ist er verrückt. Sie hält mich bestimmt auch für verrückt.«

»Sie würde ihn dir kaum anvertrauen, wenn sie dich für verrückt hielte.«

»Vielleicht will sie ihn loswerden. Sie hofft, dass ich ihn entführe. Ich kümmere mich nicht mehr um ihn, wenn er nicht mal aufsteht und hallo sagt. Oder wenigstens lächelt. Nach den ganzen fürchterlichen Nachmittagen. Nächstes Trimester habe ich Prüfungen. Keine Zeit. Ich muss mich ab sofort den ganzen Tag um mich selbst kümmern, und zwar jeden Tag, Gott sei Dank.«

Und so war es im nächsten Trimester dann auch. Pratt verschwendete keinen Gedanken an Henry Wu, nur manch-

mal, wenn wieder Vögel im Schulgarten auftauchten und unter dem Dachgesims nisteten. Schwalben, dachte er. Immigranten. Und er dachte an ihn, als seine Eltern an seinem Geburtstag mit ihm in ein chinesisches Restaurant gingen.

»Oh nein, nicht die Dinger«, sagte er.

»Das ist das großartigste chinesische Essen, das man kriegen kann«, sagte sein Vater. »Wachteleier.«

»Das sind Schlangen, oder?«

»Schlangen? Bringen die euch in der Schule überhaupt keine Allgemeinbildung mehr bei? Das sind Vögel. Nimm dir doch noch was von dem Süßsauren.«

»Die Chinesen essen gar nicht süßsauer. Das haben sie sich für Touristen ausgedacht.«

»Ehrlich? Woher hast du das denn?«

»Von meinem Sozialprojekt.«

Die Prüfungen kamen und gingen, wie Prüfungen es so tun, und Pratt war erleichtert im Kopf und im Herzen. Er kam mit Jackson zusammen aus der letzten Prüfung und sagte: »Jippie! Lass uns runtergehen an den Fluss.«

»Mir geht's super«, sagte er. »Und dir?«

Jackson sagte, es gehe ihm schrecklich, er sei sicher überall durchgefallen. Er habe zu viel Zeit mit dem Frühjahrsputz bei der alten Nellie verbracht. Hatte er wirklich.

»Ich fürchte, ich bin auch durchgefallen«, sagte Pratt, aber er hatte nicht das Gefühl, dass das stimmte. Die Prüfungen waren einfach gewesen. Er war entspannt und stolz auf sich und sah den öligen Fluss vorbeifließen, hierhin und dorthin, gegen Brückenpfeiler schlagen und an Booten aufspritzen. »Was wollen wir machen?«, fragte er Jackson. »Wollen wir an den Fluss?«

»Ich gehe lieber mal gucken, ob Nellie zu Hause ist«, sagte Jackson. »Habe ich ihr versprochen. Sorry. Aber du kannst ja gehen.«

Pratt stand eine Weile da, und die alte Frau mit dem Einkaufswägelchen kam vorbei. »Du lungerst ja schon wieder nur herum«, sagte sie.

»Das mit dem Mehl tut mir leid«, sagte Pratt. Er war so glücklich, weil er die Prüfungen hinter sich hatte, dass er fand, er könne nett zu der Frau sein.

Aber sie eilte weiter. Pratt sah sie die Brücke überqueren und folgte ihr unwillkürlich. Er ging Richtung Candlelight Mansions.

»Ob Henry wohl mit in den Park möchte?«, fragte er ein kleines Mädchen, das durch den Maschendraht linste. Ihr Gesicht war wie ein weißes Veilchen und ihr Pony so fein wie ein Tuschpinsel. Hinter ihr war Lärm zu hören, dann kam Mrs Wu und winkte ihn herein.

Wenn ich da reingehe, gibt es wieder Wachteleier und stundenlange Verbeugungen, dachte Pratt. »Ich warte hier«, sagte er entschlossen. Mrs Wu verschwand, und nach einer Weile tauchte Henry auf, wieder bis zur Nasenspitze in das wattierte rote Ding eingemummelt.

»Es ist ziemlich warm draußen«, sagte Pratt, aber Mrs Wu nickte nur und lächelte.

Im Park fühlte Pratt sich ein wenig verloren, so ganz ohne Buch, und Henry marschierte wortlos so weit wie möglich voraus. Das Eiscafé hatte inzwischen wieder geöffnet, und auf den Metallstühlen saßen Leute. Um sie scharten sich die Tauben.

»Ekelhaft«, sagte Pratt, als er Henry einholte. »Flugratten. Ich kauf dir eine Cola, aber wir trinken sie da drüben auf dem Rasen. Hey, wo willst du denn hin?«

Henry stand schon nicht mehr bei den Tauben, sondern war unterwegs, den grasbewachsenen Abhang hinunter zum Wasser. Auf dem Rasen und auf dem Wasser waren große Mengen Vögel, sämtliche Enten des Parks, Tauchenten und Pelikane und Gänse und Zwergtaucher und Teichhühner und Stockenten. Alte Enten, die sich erinnerten, und junge Enten, denen sie zum ersten Mal den Sommer zeigten. Manche waren so jung, dass sie noch Flaum trugen – weißen Flaum, braunen Flaum, gelben Flaum, sogar schwarzen Flaum, wie die Federn auf einem Hut. Die stolzen Eltern pflügten ein großes V ins Wasser, und ihre Kinder zogen lauter kleine V. Henry Wu stand still da.

Dann trieb ein großes Baiser um die Insel auf dem Teich.

Ihm folgte ein zweites Baiser, aber dieses hatte einen langen, geschwungenen Hals, gekrönt von einem stolzen Kopf und einem leuchtend orangefarbenen Schnabel mit zwei schwarzen Nüstern in der Form von Henry Wus Augen.

Das erste Baiser schwoll an und plusterte sich auf, und dann kamen auch daraus ein langer Hals und ein schöner Kopf zum Vorschein.

Plötzlich zeigte Henry mit einem kurzen, wattierten Arm auf diese erstaunlichen Tiere, hielt den Arm, wo er war, wandte das Gesicht Pratt zu und sah ihn durchdringend an.

»Schwan«, sagte Pratt. »Das sind Schwäne. Die sind schon okay, was? Hey, tu das nicht! Sie sind nicht so okay, dass man ihnen nahe kommen sollte!«

»Hol den Jungen zurück«, rief ein Mann. »Die werfen ihn um. Die sind aggressiv, die zwei!«

»Sind Schwäne immer«, sagte ein anderer.

Aber Henry war schon weg, über den kleinen, grünen Zaun gestiegen, und rannte auf die Schwäne zu, die auf ihren wasserfesten, schwarzen Füßen aus dem Teich kamen und den Abhang hinauf auf Henry Wu zugingen.

Sie senkten die Köpfe und fauchten. Sie breiteten die Flügel aus.

»Oh, Hilfe«, sagte Pratt.

»Schon gut«, sagte der Mann. »Ich bin der Vogelwart. Ich hole ihn. Und dann ziehe ich ihm das Fell über die Ohren, falls die Schwäne das nicht schon erledigt haben«, und dann rannte er den Abhang hinunter.

Aber die Schwäne zogen Henry Wu nicht das Fell über die Ohren. Er lief zu ihnen, und sie blieben stehen. Sie wandten die Köpfe ab, als müssten sie kurz nachdenken. Sie traten von einem großen, schwarzen Lederfuß auf den anderen und hörten auf zu fauchen. Dann spreizten sie die Flügel noch etwas weiter und legten sie ordentlich und vorsichtig wieder an. Sie hatten jeweils einen lila Ring um das linke Bein. Auf einem stand 888. Weiße Schwäne, lila Ring, orangefarbene Schnäbel, roter Henry Wu auf dem grünen Gras und drum herum Wasser und Weiden, glitzernd und sich wiegend.

»Der Gute – wie nett von ihm!«, sagten die Leute, als der Schwanenwart Henry aufhob und ihn unter dem Arm zurücktrug.

»Eines Tages fressen sie dich«, sagte der Schwanenwart. »Die können einen ernsthaft verletzen«, aber er schien nicht wirklich wütend zu sein.

Auf dem Heimweg sah Henry Pratt nicht an, setzte sich aber zu ihm auf die lange Bank. Die Bank war für drei Personen, und Henry saß so weit weg von Pratt, wie es nur ging. Aber er saß auf derselben Bank.

Dann hatte Pratt Sommerferien, danach wurden die Prüfungsergebnisse verkündet, und sie waren nicht gerade umwerfend. Er drückte sich unglücklich zu Hause herum. Als Jackson anrief – der ziemlich gut abgeschnitten hatte –, sagte er, er habe viel zu tun, was aber nicht stimmte.

Im nächsten Trimester lernte er viel, wurschtelte trübsinnig herum und wiederholte die Prüfungen.

»Triffst du dich gar nicht mehr mit deinem chinesischen Dämon?«, fragte Jackson hinterher. »Komm doch mal mit zur alten Nellie.«

»Nee danke.«

»Sie hat gesagt, ich soll dich mal mitbringen.«

»Nee danke.«

Als die Ergebnisse diesmal herauskamen, waren sie sehr gut. Er hatte mehr als nur bestanden.

Pratt sagte: »Wie geht's Nellie?«

»Och, gut. Sie ist inzwischen viel besser drauf.«

»War sie schlecht drauf? Das hast du mir nie erzählt.«

»Und wie geht's Henry Wu? Hast du ihn je zum Sprechen gebracht?«

»Nein. Der war verrückt.«

Aber eines frostigen Tages, als zur Abwechslung mal die Sonne schien, ging Pratt in den Park und über den Rasen zum See, wo einer der Schwäne um die Insel herumgeschwommen kam und dann auf dem Abhang herumwatschelte, auf der Stelle trat und ihn ansah.

Der Schwan blendete ihn. Auf dem Ring um sein Bein stand die Nummer 887. »Wo ist denn dein Mann?«, fragte Pratt. »Oder deine Frau oder was auch immer? Hast du Hunger oder so?«

Die Sonne verzog sich, und in den kahlen Bäumen raschelte der Wind. Der Schwan wirkte irgendwie einsam, daher wollte er ihm ein wenig Brot holen. Aber stattdessen stieg er in den Bus, der über die Brücke fuhr, und ging zu den Candlelight Mansions.

Die haben mich bestimmt inzwischen vergessen, dachte er, als er klingelte. Die Bündel und die Vogelkäfige waren vom Treppenabsatz verschwunden. Er rüttelte an dem Maschendraht. Wahrscheinlich sind sie umgezogen, dachte er. Zurück nach China.

Aber er wurde begrüßt wie ein Sohn.

»Kann ich mit Henry raus?«

Verbeugungen, Lächeln, Henry einmummeln, der nicht einen Zentimeter gewachsen war.

»Wo ist denn die Ratte?«, fragte Pratt.

»Ää-ga«, sagte Mrs Wu.

»Äaa-ga«, sagte der dicke Herr. »Ä-aaga. Sozialamt hat gesagt muss weg.«

Die Wohnung war jetzt der reinste Dschungel aus Papierdrachen und Pflanzen mit kleinen, lila Lindwürmern darin, dazwischen Weihnachtsmänner, Jesuskinder und Lametta. In der Küche rührte die alte Dame in Töpfen, und aus dem Radio ertönte *Oh come, all ye faithful*. Henry sah sie alle miteinander reden und setzte sich unter eine Nähmaschine.

»Hat er inzwischen mal etwas gesagt?«, fragte Pratt und aß mit Stäbchen irgendwelche saftigen Bissen. Alle beobachteten, wie ihm immer wieder etwas hinunterfiel, und lachten. Gelegentlich, wenn er unfallfrei etwas in den Mund bekam, gratulierten sie ihm. Sie ignorierten seine Frage, was bedeutete, dass Henry nicht gesprochen hatte.

Es war kalt auf der Straße und sehr kalt an der Bushaltestelle. Pratt hatte vergessen, wie kurz die Tage schon geworden waren. Die Dunkelheit brach bereits herein. Viel zu spät, um in den Park zu fahren, dachte er. Im Bus war es ebenfalls kalt und schmutzig, und die Leute sahen aus, als wären sie allesamt lieber zu Hause im Bett. »Komm, wir gehen hoch und setzen uns nach ganz vorne«, sagte Pratt, und sie schauten auf die trostlose York Street hinunter, mit den kleinen, halbtoten Läden und hier und da einer bunten Lichterkette als Weihnachtsdeko, an der die Hälfte der Birnen kaputt war oder fehlte. Ein paar Geschäfte hatten Schneespray an den Fenstern, es wirkte, als hätte jemand vergessen, das Putzmittel abzuwischen. Es fiel jetzt echter Schnee, und er sah noch schäbiger aus als der falsche in den Schaufenstern.

Ich hätte mit ihm auf die andere Flussseite fahren sollen, die richtige Weihnachtsbeleuchtung in der Regent Street angucken oder so. Hier ist ja nichts zu sehen.

Aber dann tat es einen Schlag.

Eine Art Rauschen, Tosen, Flattern vor ihren Augen.

Die Windschutzscheibe ratterte wie bei einem Erdbeben, und etwas fiel vor den Bus.

Bremsen quietschten, und Menschen schrien, und Pratt und Henry Wu wurden zu Boden geschleudert.

Als sie sich aufgerappelt hatten, sahen sie unten auf der Straße Leute zusammenlaufen. »Irgendwas ist vom Himmel gefallen«, sagte Pratt zu Henry Wu. »Was Großes. Ein Mensch oder so. Komm, wir müssen hier raus.«

Aber es war kein Mensch. Es war ein Schwan, der schwer und groß mitten auf der Straße saß, mit einem dunklen Streifen auf den ausgebreiteten Flügeln.

»Schwan … Ein Schwan, es ist ein Schwan!« Alle riefen durcheinander. »Er hat sich umgebracht. Er ist tot. Vor Angst gestorben.«

»Er ist an die Stromleitung gekommen«, sagte die Frau mit dem Einkaufswägelchen. »Habe ich genau gesehen. So ein Kabel von der Weihnachtsbeleuchtung. Das gehört doch verboten! Das ist es nicht wert, da hätte ja der ganze Bus einen Stromschlag kriegen – wir alle hätten dabei draufgehen können.«

»Den Schwan hat es jedenfalls umgebracht«, sagte Jackson, der zu ihr zu gehören schien. »Der ist mausetot.«

Aber der Schwan war nicht tot. Er beschloss plötzlich, nicht tot zu sein. Er hob langsam den Kopf und die Flügel und trottete an den Straßenrand, wo er sich wieder plumpsen ließ und sich in ungläubigem Staunen umsah und den orangefarbenen Schnabel auf- und zuklappte, ohne dass ein Laut herauskam.

»Der wollte bestimmt nach Afrika«, sagte ein Mann aus einer Pommesbude.

»Schwäne sind keine Zugvögel, die bleiben hier«, sagte ein Mann aus einer Reinigung.

»Bei dem Wetter will doch jeder weg«, sagte ein Mann, der Schnecken und Aale verkaufte. »Oh, er ist ja beringt. Er ist aus dem Park. Und wie ordentlich er sich auf die gelbe Linie gesetzt hat.«

»Aus dem Weg«, sagte ein Polizist. »Treten Sie beiseite. Wir brauchen einen Korb.« Ein Wäschekorb wurde gebracht, und jemand reichte dem Polizisten ein paar Arbeitshandschuhe.

»Platz da«, sagte er und ging auf den Schwan zu, der sofort seine Lebendigkeit unter Beweis stellte, indem er dem Polizisten einen kräftigen Schlag mit dem Flügel versetzte.

»Der wird erschossen werden müssen«, sagte ein finsterer Mann aus einem Fahrradladen. »So ein Schwan ist ja kein Huhn.«

»Natürlich ist das kein Huhn«, sagte die Frau mit dem Einkaufswagen. »Wenn es ein Huhn wäre, würde ich es mit einer Portion Pommes mit nach Hause nehmen.«

Ein Mädchen mit lila gefärbten Haaren kreischte, weil es nichts davon hielt, Tiere zu essen, und dazu gehörten auch Vögel.

»Alle Schwäne gehören der Queen«, sagte die Dame mit dem Einkaufswägelchen. »Habe ich in der *Gärtnersprechstunde* gehört.«

»Ich werde hier noch verrückt«, sagte der Polizist, der sich ein bisschen zurückgezogen und in sein Funkgerät gesprochen hatte. »Wenn die alle der Queen gehören, dann soll sie mal herkommen und den hier einsammeln. Ich glaube nicht, dass ich das kann. Gehen Sie doch bitte weiter. Der Verkehr muss weiterfließen. Wir können nicht wegen einem Schwan ganz London aufhalten.«

Ein oder zwei Autos schoben sich vorbei, sonst rührte sich niemand. Es war seltsam. An diesem toten, dunklen Tag stand auf der toten, dunklen Straße ein Wäschekorb und ein schimmernder, stummer Vogel mit Engelsflügeln. Es wurde still.

Henry Wu trat vor, ganz klein in seiner Wattierung, legte dem Schwan seine kurzen Ärmchen um den Rumpf und hob ihn einfach in den Wäschekorb, wo er sein Gefieder aufplusterte und sich hochmütig unter den Leuten umsah.

»Herr im Himmel!«, sagten alle. »Der ist doch schwer!«

»Seine Mutter hat den schwarzen Gürtel«, sagte Pratt stolz.

»Der Chinese muss saubergemacht werden«, sagte die Frau mit dem Einkaufswägelchen. »Am besten kommen die beide mit uns nach Hause, Jackson, und ich mache ihnen Abendessen.«

Aber Pratt und Henry gingen diesmal nicht mit Nellie nach Hause, denn der Polizist bat sie, ihn und den Schwan aufs Revier zu begleiten. Ob Henry vielleicht so freundlich wäre, ihm zu assistieren, sagte er. Henry streichelte dem Schwan zweimal über den sanftmütigen Kopf, dann faltete er ihm den Hals zusammen – und es war ein langer, kräftiger, aber sehr biegsamer Hals – und setzte schnell den Deckel auf den Korb.

Der Schwanenwart kam aufs Polizeirevier, und dann gingen er und Henry und Pratt und der Schwan in den Park, wo der Schwan schnurstracks ins Wasser marschierte und in der Dunkelheit verschwand.

»Ab mit dir, 888«, sagte der Vogelwart. »Deine Frau wartet schon. Die hättest du nie wiedergesehen, wenn du nicht deinen Freunden vor die Füße gefallen wärst.«

»Sie können an Land nicht starten«, erklärte er den Jungen. »Sie können nur aus dem Wasser losfliegen, wie alte Wasserflugzeuge.«

Pratt betrachtete die beiden weißen Schemen auf dem Wasser.

»Seltsame Tiere, Schwäne«, sagte der Vogelwart. »So still!«

»Stimmt es, dass sie singen, wenn sie sterben?«, fragte Pratt. »Habe ich gelesen. In Gedichten.«

»Na, dann stirbt der hier jedenfalls nicht«, sagte der Schwanenwart. »Der ist ja ohne einen Ton verschwunden. Komisch – die meisten Lebewesen machen ein Geräusch, wenn sie sich freuen. Auf Wiedersehen, Henry. Du wirst eines Tages mal mit Tieren arbeiten. Ich würde sogar sagen, wenn du groß bist, bekommst du meinen Job. Du hast ein Händchen dafür.«

Im Bus zurück über die Brücke zu den Candlelight Mansions setzte Henry sich neben Pratt auf einen Zweiersitz, starrte vor sich hin und sagte mit einer hohen, chinesisch-englischen Stimme: »Hwan.«

»Hwan«, sagte er. »Hwan, Hwan, Swan, Swan. Schwan, Schwan, SCHWAN«, bis Pratt sagen musste: »Sei still, Henry, sonst halten die Leute dich noch für verrückt.«

Jane Gardam

Ein untadeliger Mann

Roman. Aus dem Englischen von Isabel Bogdan
2015. 352 Seiten

Eddie Feathers, einst Kronanwalt in Hongkong, vollendeter Gentleman und noch mit achtzig ein schöner Mann, scheint ein mühelos erfolgreiches Leben gehabt zu haben, doch wer hat ihn wirklich gekannt? Mit Jane Gardams meisterhaftem Roman über ein Leben im British Empire ist eine große Autorin zu entdecken.
Alles an Edward Feathers ist ohne Fehl und Tadel – seine Garderobe, seine Manieren und sein Ruf als glänzender Anwalt. Nun ist er alt und muss mit dem Tod seiner Frau Betty zurechtkommen, so wie er immer mit allem zurechtgekommen ist. Nie hat er darüber gesprochen, wie es war, als Vierjähriger aus einer glücklichen Kindheit in Malaysia gerissen und zu einer hartherzigen Pflegemutter nach Wales verschickt zu werden. Seine perfekte Haltung täuscht alle und manchmal sogar ihn selbst. Doch mit Bettys Tod bricht etwas in ihm auf, und behutsam beginnt Feathers vergangene Ereignisse ans Licht zu holen. An einem englischen Wintermorgen setzt er sich ans Steuer seines Wagens und fährt los, das eigene Leben zu erkunden.
Mit einer hinreißenden Mischung aus Ironie und Warmherzigkeit erzählt Jane Gardam das bewegende Leben eines Mannes des British Empire.

»Gardam erzählt auf mehreren Zeitebenen in genau nuancierten Abstufungen von Sand, Creme und Beige mit viel Feingefühl und Empathie, aber zugleich jenem Gran urenglischer, stählerner Ironie, die diese Lektüre dunkler Erfahrungen zu einer hellen Freude macht.«

Felicitas von Lovenberg, *Frankfurter Allgemeine Zeitung*

»Jane Gardam ist das neue It-Girl der britischen Literaturszene. Ironie gepaart mit ein wenig Nostalgie – das setzt den Ton dieses Buches, beides verleiht ihm etwas Heiteres, durch das allerdings immer etwas Dunkles scheint. Aber so böse es auch wird in diesem Buch, man kann sich darauf verlassen, dass man lächeln muss oder gelegentlich laut lachen.«

Susanne Mayer, *Die Zeit*

Jane Gardam
Eine treue Frau

Roman. Aus dem Englischen von Isabel Bogdan
2016. 272 Seiten

Weiß Betty, worauf sie sich einlässt, als sie Edward Feathers ewige Treue verspricht? Ist Liebe eine Frage der Haltung? Jane Gardam erzählt vom Leben einer ungewöhnlich starken, großzügigen Frau. Ein umwerfend kluger, zarter Roman über die Spielarten von Liebe und Begehren.
Manchmal vergisst Betty Feathers, dass sie keine Chinesin ist, so selbstverständlich nah ist ihr das Land, dessen Sprache sie seit Kindertagen beherrscht. Diese elementare Liebe zum Fernen Osten verbindet sie tief mit ihrem Mann Edward, dem jungen Star unter den Richtern der Krone in Hongkong, und schon ihre fast identischen rotbraunen Locken scheinen sie als ideales Paar auszuweisen. Als Betty feierlich gelobt, Edward nie zu verlassen, weiß sie intuitiv, dass ihre Ehe kaum auf wilder Leidenschaft gründet. Doch sie ahnt nicht, dass sie nur eine Stunde später der Liebe ihres Lebens begegnen wird, Edwards Erzrivalen Terry Veneering. Wenn Betty viele Jahre später eine Perlenkette im Garten vergräbt, wird sie alles gekannt haben, Liebe und Geborgenheit, tiefe Einsamkeit und die lebenslange Anziehungskraft einer Wahlverwandtschaft.

»Doppelbödig, fesselnd, witzig, böse, anrührend. So kann nur eine uralte Britin schreiben. Dieses ist Band 2 einer herrlichen Trilogie, wann kommt Band 3?!«
Die Zeit

»Das Entscheidende an den Romanen von Jane Gardam ist, dass sie eine ganz großartige, eine brillante Erzählerin ist, wie man sie ganz selten erlebt.«
Rainer Moritz, *MDR*

»Gardams Romane sind Bücher, nach denen sich jeder sehnt, der gerne liest. Die 87-jährige Autorin hat sich als Schriftstellerin bis ins hohe Alter im Hintergrund gehalten und weiß vom Leben doch alles.«
Claudia Voigt, *Literatur-Spiegel*

Das englische Original erschien 2014
unter dem Titel *Swan* innerhalb des Erzählungsbandes *The Stories*
bei Little, Brown in London

1 2 3 4 5 20 19 18 17 16

ISBN 978-3-446-25181-6

Satz im Verlag
Druck und Bindung: GGP Media GmbH, Pößneck
Printed in Germany

FSC www.fsc.org
MIX
Papier aus verantwortungsvollen Quellen
FSC® C014496